JN277833

{ Chocolate Book by Tsuchiya Koji }

Prologue

はじめに 板チョコでチョコレートが作れる！

　板チョコで作る簡単なチョコレートレシピができないかな、そんなことを思いついたのが、いまから約2年前。ちょうどぼくの初めての本『Chocolat et Cacao』ができたころで、この本はどちらかというとショコラティエやパティシエを目指す人や、お菓子作りのかなりの上級者向け。いわばチョコレートの専門書的な一冊だ。
「チョコレートのことがよくわかりました。でも、見て楽しむだけでとても自分では作れません」
「チョコレートを作るのはやっぱり素人では無理なんですね」

作って楽しく食べておいしい。板チョコレシピは新しい発見の連続！

　読者からのそんな声を耳にするうち、チョコレート作りって本当は楽しいものなんだけどな、自分で作ればもっとチョコレートが好きになるのにな、そんな思いが強くなっていった。だったらこれは、板チョコしかない、と。
　思いついたものの、実は最初は半信半疑だった。ショコラティエとしてのぼくの中には、チョコレートとはこういうもの、こうでなくてはいけない、というのがあるからなおさらだ。
　でも、実際に試作をしてみると、簡単でしかもおいしい！　市販の板チョコでこれだけのものができるなんて、自分でもちょっとした驚きだった。
　この本で紹介するのは34のレシピ。材料はすべて簡単に手に入るものだし、道具も家庭のキッチンにあるもので充分。気軽な気持ちで、まずは作ってほしい。きっとチョコレートがもっともっと好きになるから。

3つの簡単ステップであなたも立派なショコラティエ！

チョコレート作りは難しいとよくいわれるのは、テンパリング（温度調節）という工程のためだ。これがうまくできないと、仕上がりも味も悪いものになってしまう。ぼくたちプロにとっては毎日の作業だが、慣れていない人や初めてチョコレート作りに挑戦しようという人たちにとっては、確かに高いハードル。そこでこの本では、テンパリングは一切なしで、刻む・溶かす・ガナッシュを作るという3つのステップだけでできるレシピを紹介することにした。

1章は市販品をアレンジしたチョコレート菓子。ほとんどが刻む・溶かす作業でごく簡単にできるものばかりだから、初心者さんはまずここから挑戦してみてほしい。

基本の扱い方をマスターすれば、誰でも簡単に作れるはず。

2章はガナッシュで作る生チョコとトリュフ。本当のトリュフは表面を薄くコーティングするのだが、ココアパウダーや粉砂糖、ナッツなどを利用することで、見た目はトリュフそのものに仕上げてある。もちろん、味も極上だから、プレゼントにも最適だ。

3章はオーブンを使う焼き菓子。どれもチョコレートの持ち味を生かした、素朴でシンプルな味わい。手作りならではのおいしさが楽しめる。

4章はパーティーやデザートに大活躍すること間違いなしのレシピ。市販のアイスクリームやジャム、果物などにチョコレートをプラスすることで、びっくりするようなでき上がりに。

刻む・溶かす・ガナッシュを作るの3つの簡単ステップで、できばえはショコラティエ顔負け！ ぜひ挑戦を！

刻む

Page15

チョコレートを
溶かしやすくするために
まずは刻むステップから。
同じくらいの大きさに
なるように心がけて。

溶かす

Page16

とろとろに溶かした
チョコレートは、
いろいろアレンジできるすぐれもの。
湯せんでゆっくり、
熱しすぎないように。

ガナッシュを作る

Page17

チョコレートに生クリームの
コクをプラスしたガナッシュ。
これで生チョコレートも
あっという間にでき上がる。

もくじ

Contents

はじめに
板チョコでチョコレートが作れる！ 2
3つの簡単ステップであなたも立派なショコラティエ！ 4
チョコレートの話 8
この本で使う主な材料の話 10
この本で使う道具 12
まずはチョコレートを扱う3つのステップから 14

Chapter 1
1章 アレンジチョコレート

茶きんマロンショコラ　★ 20
チョコロック　★ 22
マシュマロチョコ　★ 24
チョコ団子　★ 26
チョコレートサラミ　★ 28
チョコ春巻き　★ 30
チョコエッグ　★★ 32

Chapter 2
2章 本格チョコレート

パヴェショコラ　★★ 36
大人のトリュフ　ブランデー風味＆スパイシー風味　★★★ ... 38
和のトリュフ　ゆず風味＆栗風味　★★ 40
オセロチョコレート　★ 42
アーモンドトリュフ　★★ 44
コルクチョコレート　★ 46

Chapter 3
3章 オーブンを使った焼き菓子

チョコレートカップケーキ ★★ ……… 50
チョコバナナパウンドケーキ ★★ ……… 52
ブラウニー ★★ ……… 54
ブロンディ ★★ ……… 56
ガトーショコラ ★★ ……… 58
ベイクドチョコチーズケーキ ★★ ……… 60
チョコミルフィーユ ★★ ……… 62
チュイールショコラ ★ ……… 64
子ぶたの鼻のクッキー ★★ ……… 66
チョコレートスフレ ★★★ ……… 68
チョコレートシナモンクッキー ★★ ……… 70

Chapter 4
4章 デザート&パーティーレシピ

チョコアイス ★ ……… 74
チョコレートタルト ★★ ……… 76
チョコミルクレープ ★★ ……… 78
チョコレートムース ★★ ……… 80
ブラマンジェ ショコラ ★★ ……… 82
洋なしのチョコレートソースがけ ★★ ……… 84
チョコレートフォンデュ ★ ……… 86
クラコット&チーズのチョコレート仕立て ★ ……… 88
チョコレートいちごジャム ★ ……… 90
ホットチョコレートドリンク ★ ……… 92
Question&Answer ……… 94
製菓材料専門店問い合わせ先 ……… 95

★ ……… 刻む・溶かすだけでごくごく簡単。初心者さんはまずここから。
★★ ……… ガナッシュをマスターしたら、あっという間にでき上がる。
★★★ ……… テクニックが必要。チョコレート作りに慣れたところで挑戦を。

チョコレートの話

チョコレートって何から作られるの？

　ここ最近、チョコレートの原料がカカオ豆だということは広く知られるようになった。カカオ豆に含まれるポリフェノールの効果が注目を浴び、カカオはちょっとしたブーム。でも、カカオ豆がいったいどういうものなのか、知っている人は意外に少ないようだ。

　カカオの樹は高さ10m以上になる大きなもので、育つのは赤道近くの高温多湿地帯。アフリカのコートジボアールやガーナ、東南アジアのインドネシアなどが主な栽培国だ。カカオは小さな花を咲かせたあと、カカオポッドと呼ばれる長さ20〜25cmほどのラグビーボール状の実をつける。その中に入っているのがカカオ豆で、ひとつのポッドに約50粒。この豆がいくつもの工程を経てチョコレートになるというわけ。

　実はこのカカオ豆は、樹の種類や栽培地によって大きさや形、色、味までも異なる。また、生産工程によってもでき上がるチョコレートの味や扱い方が変わる。ぼくがチョコレートに魅力を感じるのも、カカオのそんな繊細で奥深いところなのかもしれないね。

　カカオ豆はいまからおよそ4000年前、古代メキシコ時代から神様の食べ物として珍重されてきた。その後ヨーロッパに伝わり、チョコレートが作られるようになったのだけれど、チョコレートはいまや世界で一番愛されているお菓子。カカオはまさしく神様からの贈りものだよね。

ブラックチョコレート

Chocolate Story

ホワイトチョコレート

ミルクチョコレート

製菓用のチョコレート、クーベルチュール。
入手は製菓材料専門店で。

この本で使うチョコレート

　この本で使うのは、ごく一般に市販されている板チョコレート。カカオ豆から取り出したカカオマスと砂糖を主原料に、油脂や香料、乳化剤などを加え、おいしく食べやすくしてあるものだ。

　レシピに出てくるブラックチョコレートとはカカオ分の多いビタータイプのもの。ミルクチョコレートは乳固形分を加えたまろやかな風味のもの。そして、ホワイトチョコレートはカカオバターにミルクと砂糖などを加えた、チョコレート色のもとになるカカオの固形物を含んでいないもの。

　板チョコと一口にいっても、さまざまな種類のものが市販されている。余分な混ぜ物のない、プレーンな板チョコレートを選ぶといいだろう。

いずれは挑戦を！

　普段ぼくたちが使っているのは製菓用チョコレート、中でもクーベルチュールと呼ばれるものだ。これはカカオ分が35％以上、カカオバター以外の油脂を使わないなど厳しい国際規格があって、原料となるカカオ豆の種類や配合、含まれるカカオ分によって味も香りも異なるというもの。扱い方にはちょっとしたコツが必要なため、プロ、または上級者用といっていいだろう。この本では市販の板チョコで簡単に作れるレシピを紹介しているが、チョコレート作りに慣れたら、クーベルチュールに挑戦してみるのも楽しいと思う。

この本で使う主な材料の話

チョコレート以外にこの本で使う材料を簡単に説明しよう。基本的にはどこででも手に入る身近な材料がほとんど。レシピに出てくるカステラや栗の甘露煮、クラッカーなど、ここで説明している以外の材料も、ごく普通に市販されているもので充分おいしく作れます。もし手に入らないものがあったら、95ページの製菓材料専門店にお問い合わせを！

material 1

粉類

小麦粉は一般に市販されている薄力粉を使用。できるだけ新鮮なものを使う。ココアパウダーも粉類に入れたが、これはチョコレートの主原料、カカオマスからカカオバターを絞り、粉末にしたもの。甘みのないピュアココアを使う。なお、粉類は必ずふるってから使うこと。

material 2

乳製品

生クリームは乳脂肪分が35％程度、牛乳は成分無調整のものを使用。生クリームは振動や温度変化にデリケート。品質管理のよい店で購入するとよい。また、保存がきかないので、開封したら使いきるように。バターはこの本ではすべて無塩バターを使っています。

material 3

ナッツ類

ナッツ類とチョコレートの相性は抜群。歯触りと風味を楽しむために、できるだけ新鮮なものを使うこと。この本ではローストしてあるものを使っているが、生のナッツ類を自分でローストする場合は、94ページを参照してください。

material 4

リキュール類

オレンジの香りのコアントローやグランマルニエ、そのほかラム酒やブランデーなどは、チョコレートの味をグンと引き立てる。使うのはわずかな量だが、入れるのと入れないのとではでき上がりに大きな差が。大きな酒屋などでミニチュア瓶を手に入れるといい。

material 5

スパイス類

バニラやシナモンパウダーなどのスパイス類は、少量でも仕上がりがぐっと違ってくる。バニラはエッセンスとさやに入ったバニラの両方を使用しているが、最近は棒状のさやに入ったバニラも比較的手に入りやすい。香りを楽しむのなら、絶対にこちらがおすすめ。

material 6

フルーツ類

酸味と香りがチョコレートのアクセントづけに最適なフルーツ類。レーズンやあんずなど簡単に手に入るものがほとんどだが、フリーズドライいちごやゆずのコンフィなどお店で見つからない場合は95ページの製菓材料専門店に問い合わせてみてください。

この本で使う道具

この本で使う道具は、ほとんどがどこの家庭にもあるもの、またどこででも手に入るものばかり。焼き菓子で使う焼き型は、さまざまな大きさの紙製のものも市販されているので上手に活用してほしい。

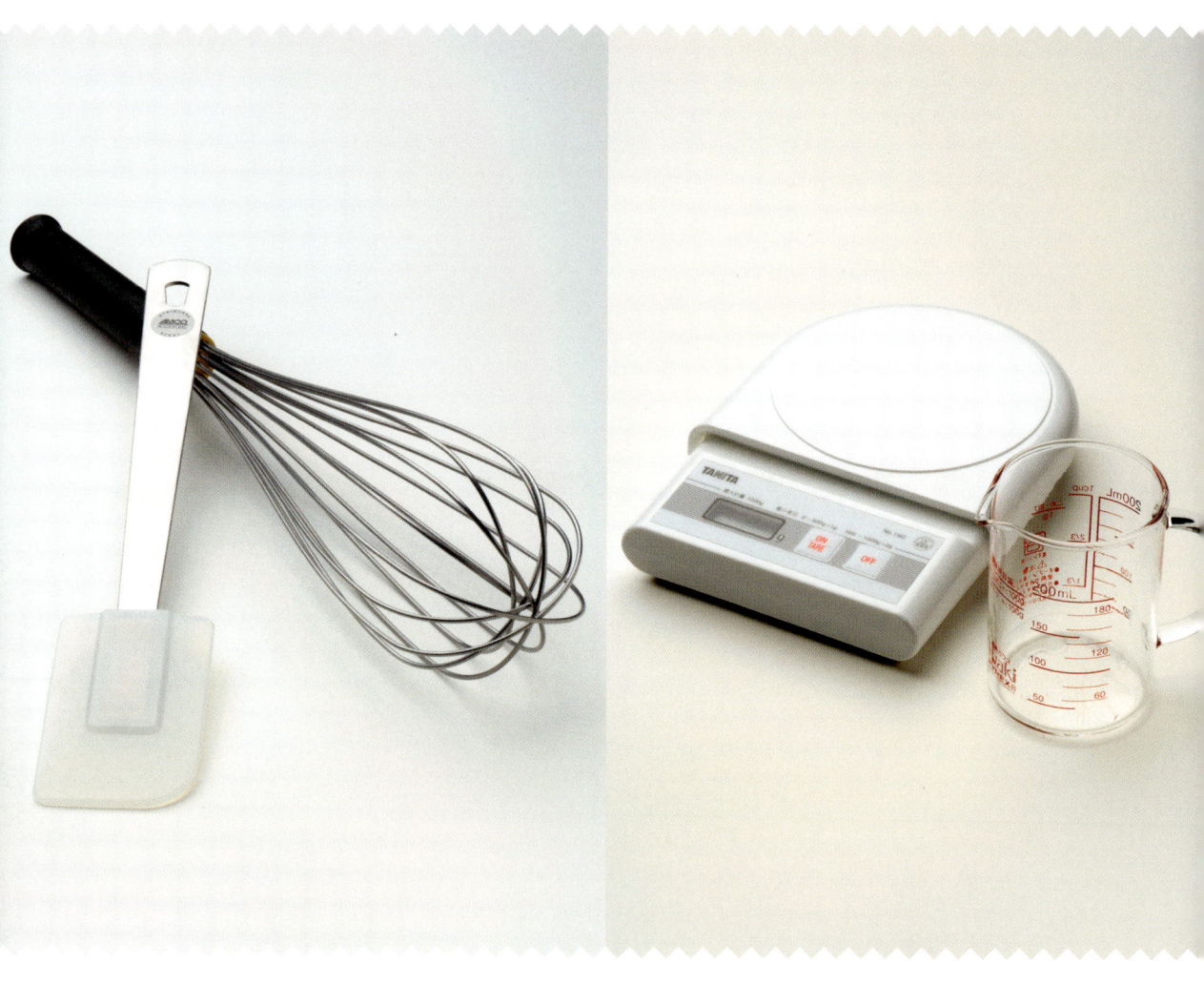

混ぜる	**量る**
泡立て器	キッチンスケール
ハンドミキサー	計量カップ
ゴムべら	計量スプーン
木べら	
ボウル類	

作るうえでの お約束&決まり

- 材料は正確に量りましょう。
- 粉類は必ずふるってから使いましょう。
- 道具は使う前にきれいに洗い、水けをしっかりふき取りましょう。
- チョコレートを刻む・溶かす・ガナッシュを作るの3つのステップは14〜17ページで詳しく説明してあります。よく読んでから始めてください。
- 材料に出てくる小さじ1は5㎖、大さじ1は15㎖です。
- でき上がりの個数は作り方によって変わることがあります。
- オーブンは機種によって温度や焼く時間が違う場合があります。様子を見ながら調整してください。

抜く・絞る

- 抜き型
- 絞り出し袋
- 口金

焼く

- オーブン
- パウンド型・マフィン型などの焼き型

→ そのほか／鍋、粉ふるい、バット、ココット型、めん棒、はけ、カード、クッキングシート、ラップなど

まずはチョコレートを扱う3つのステップから

この本で紹介するレシピは、チョコレートを刻む・溶かす・ガナッシュを作る、この3つのステップで作れるものばかり。3つのステップをマスターすれば、いろんなチョコレート菓子が自由自在に楽しめます。もし作りはじめて、あれっ!? と思ったら、もう一度読み返して。そう、これがチョコレート作りの基本だから。

刻む
チョコレートを
溶かしやすくするために、
必要な最初の作業。

溶かす
次のステップは、
刻んだチョコレートを
溶かす作業。
必ず湯せんで行って。

ガナッシュを作る
チョコレートに、
生クリームやバターを
混ぜる作業。
このステップを
マスターすれば完璧!

Step 1

刻む

チョコレートの表面積を大きくすることで、溶かしやすくするのが目的。室温に戻しておくと扱いやすい。

1 板チョコをまな板にのせ、角から斜めに包丁を入れていく。間隔は7〜8mm程度。刃先をまな板にあて、手元の部分を押すように切っていく。

2 両角を斜めに切ったら、真ん中に残る三角形の部分も同じように切る。これを繰り返し、同じくらいの幅の棒状にする。

3 ②の棒状になったチョコレートを並べ、7〜8mm角程度を目安にさらに刻む。

4 大きさがバラバラだと、均等に溶けにくくなる。できるだけ同じくらいの大きさになるように刻むこと。

One Point Advice

角から斜めに刻むのは、包丁の刃があたる部分を少なくするため。縦に刻むより断然力がいらないんだ。包丁は刃先より手元の部分を使うと、楽に刻んでいけるはず。

〈刻む〉で作るレシピ ➡ Page 20・24・50・70・74・90・92

Step 2

溶かす

そのまま火にかけるのではなく、蒸気を利用した湯せんでゆっくりと。熱しすぎにはくれぐれも注意を。

1 チョコレートは同じくらいの大きさに刻んでステンレスのボウルに入れる。

2 ボウルより小さい鍋に深さ⅓くらいの水を入れて弱火〜中火にかけ、その上に①のボウルをのせ、ボウルの底に蒸気をあてるように、ゴムべらか木べらで軽く混ぜながらチョコレートを溶かしていく。

3 ボウルが熱くなるので気をつけながら、なめらかになるまで溶かす。完全に溶けきる前に火を止めてボウルを鍋からおろし、あとは余熱で溶かすくらいでちょうどいい。

→ これはNG

湯せんに大小のボウルを使う人が多いが、これは失敗の元。不安定で作業がしにくく、湯せんのお湯が直接入ってしまうことも。②のように、水を入れた小さめの鍋にボウルをのせ、下からの蒸気で溶かすようにしよう。

One Point Advice

チョコレートが溶けているのにいつまでも蒸気をあてて熱しすぎると、とくにミルクやホワイトチョコレートは含まれている粉乳と砂糖が固まって、粘土のようになってしまう。また、ブラックチョコレートは味が変わってしまう。熱しすぎには注意を。

〈溶かす〉で作るレシピ **→** Page 22・28・30・44・46・52・54・56・58・60・62・66・68・76・80・82・84・86・88

Step 3

ガナッシュを作る

ガナッシュを作れるようになれば、レパートリーがグンと広がるもの。チョコレート作りがもっと楽しくなるはず。

1 チョコレートは同じくらいの大きさに刻んでステンレスのボウルに入れる。

2 鍋に生クリームを入れ、中火にかける。まわりがふつふつと泡立ってきたら火を弱め、全体が吹き上がるまでよく熱する。

3 1のボウルに2を一気にそそぐ。

4 泡立て器で混ぜながら、余熱でチョコレートを溶かす。

One Point Advice

生クリームを熱するとき、火が強すぎると焦げつくので注意すること。チョコレートが溶けきらないとしたら、考えられるのは刻み方が粗いか、生クリームを完全に沸騰させていないかのどちらか。そんなときは、ボウル全体を温めるのではなく、溶けていない部分だけをスプーンで別にして、湯せんなどで溶かしてから戻すようにする。

〈ガナッシュ〉で作るレシピ → Page 26・32・36・38・40・42・76

Chocolate Book

1章　アレンジチョコレート

まずはマシュマロやカステラや春巻きの皮、ドライフルーツやナッツ類など、市販品を上手に使って作る、ユニークで楽しいチョコレート菓子から。えっ、何が入っているの？　どうやって作ったの？　きっとそんな言葉が返ってくるはず。味も見た目も自信をもっておすすめできる7つのレシピ。材料も簡単に手に入るし、お菓子作りが初めての人でも、失敗なしであっという間にできちゃう。とにかくLet's try！

Chapter 1

茶きんマロンショコラ
チョコロック
マシュマロチョコ
チョコ団子
チョコレートサラミ
チョコ春巻き
チョコエッグ

1章　アレンジチョコレート

{ Recipe 01 }

茶きんマロンショコラ

テクニック……………刻む
難易度………………★

材料（20個分）
ミルクチョコレート………25g
栗の甘露煮……………400g
グラニュー糖……………25g
生クリーム………………10ml
無塩バター………………10g
卵黄………………1個分
バニラエッセンス……小さじ¼

準備しておくこと
●ミルクチョコレートは刻んでおく
●卵黄は溶いておく

1　栗の甘露煮300gは裏ごしをし、残りの100gは細かく刻む。

2　鍋に①の裏ごしした栗を入れ、グラニュー糖、生クリーム、バターを加え、弱火〜中火で焦げないように、木べらでよく練るように混ぜる。

3　2〜3分たってねっとりしてきたら溶いた卵黄を加え、さらによく練る。

4　水分がとんでまとまってきたら火からおろし、刻んだミルクチョコレートとバニラエッセンスを加え、混ぜながら余熱でチョコレートを溶かす。

5　①の刻んだ栗を加え、木べらで軽く混ぜる。

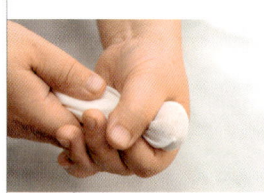

6　1個分16g（約大さじ1）を厚手で破れにくいキッチンペーパーで包み、上のほうを軽くひねって茶きん絞りにする。

One Point Advice →　市販の栗の甘露煮があればすぐにでき上がり。ポイントは水分をとばしながらよく練ること。好みでリキュールを加えると、大人の味が楽しめる。

栗とチョコレートって
相性抜群。
裏ごししてよく練るから
ねっとり柔らかな食感で、
これまたいいんだ。

1章　アレンジチョコレート

{ Recipe 02 }

チョコロック

テクニック……………溶かす
難易度…………………★

材料（各20個分）
〈ブラックロック〉
ブラックチョコレート……100g
コーンフレーク……………70g
〈ホワイトロック〉
ホワイトチョコレート……100g
コーンフレーク……………70g
フリーズドライフランボワーズ
………………………………5g

準備しておくこと
●チョコレートは刻み、湯せんで溶かしておく

1 ブラックロックはボウルにコーンフレークを入れ、湯せんで溶かしたブラックチョコレートを加える。

ホワイトロックはボウルにコーンフレークを入れ、湯せんで溶かしたホワイトチョコレートと手で砕いたフリーズドライフランボワーズを加える。

2 それぞれゴムべらでさっくりと混ぜる。

3 スプーンで大さじ1弱をとり、クッキングシートの上で山のような形にまとめ、並べていく。

4 まとまりにくいようなら、おちょこやプラスチックのカップに入れて形を作るといい。

その場合、冷蔵庫に5〜10分入れて冷やすと、するりと抜ける。

One Point Advice

チョコレートとコーンフレークを混ぜるとき、チョコレートが少なめかなと思っても大丈夫。むしろそのほうがサクサクにでき上がる。チョコレートが固まって形が作りにくかったら、ドライヤーでちょっと温めてみて。

サクサクの
チョコレートスナック。
ホワイトロックは
ドライフランボワーズが
風味と色のアクセントに。

ホワイトロック

ブラックロック

1章 アレンジチョコレート

Recipe 03

マシュマロチョコ

テクニック……………刻む
難易度………………………★

材料
(21.5cm×15cm×1cmの角型バット1枚分)
ホワイトチョコレート……70g
マシュマロ……………60g
無塩バター……………60g
ヘーゼルナッツ…………35g
くるみ…………………25g
ピスタチオ……………15g
クラッカー……………30g
フリーズドライいちご……3g

準備しておくこと
●ホワイトチョコレートは刻んでおく
●バットにクッキングシート、またはラップを敷いておく

1 ヘーゼルナッツ、くるみ、ピスタチオは粗く刻む。

2 クラッカーとフリーズドライいちごは手で砕く。

3 鍋にバターを入れて溶けたらマシュマロを加え、弱火で完全に溶かす。

4 いったん火を止めて、1の刻んだナッツ類と2の砕いたクラッカーとフリーズドライいちごを加え、ゴムべらで軽く混ぜる。

5 ボウルに刻んだホワイトチョコレートを入れ、4を加え、混ぜながら余熱でチョコレートを溶かす。

6 クッキングシート、またはラップを敷いたバットに5を広げ、厚さが均等になるように表面を平らにし、冷蔵庫で30分ほど冷やし固める。固まったら好みの型で抜く。

One Point Advice ホワイトチョコレートは温度が高すぎると油分が浮いてしまう。4の鍋にホワイトチョコレート直接入れるのは避けること。

マシュマロと
バターが溶けた優しい甘さの
ホワイトチョコレートに、
ナッツの歯触りは
ベストハーモニー。
いろんな型で抜くのも
楽しいね。

チョコ団子

テクニック………ガナッシュ
難易度……………………★

材料（3串分）
ブラックチョコレート……40g
生クリーム…………………30ml
カステラ……………………80g
栗の甘露煮（渋皮つき）40g
ラムレーズン………………6g
シロップ……………………10ml
ラム酒………………………5ml
ココアパウダー（飾り用）
　　　　　　　　　　適量
きな粉（飾り用）…………適量
抹茶（飾り用）……………適量

準備しておくこと
●ブラックチョコレートは刻んでおく

1 カステラは1cmの角切り、栗の甘露煮とラムレーズンは粗いみじん切りにしてボウルに入れ、シロップとラム酒を加え軽く混ぜる。

2 ボウルに刻んだブラックチョコレートを入れ、生クリームを沸騰させて加え混ぜ、ガナッシュを作る。

3 ①に②のガナッシュを加え、カステラの形が多少残る程度にゴムべらでさっくりと混ぜる。

4 1個が12g（直径約2.5cm）くらいに丸め、冷蔵庫で30分ほど冷やし固める。固まったら飾り用のココアパウダー、きな粉、抹茶を全体にまぶし、三色団子のように串に刺す。

One Point Advice

ガナッシュを加えたら、あまり混ぜすぎないこと。飾り用のココアパウダー、きな粉、抹茶をまぶすことで、また違った味わいが楽しめる。

ココアパウダー

きな粉

抹茶

ラムボールを
串団子風にアレンジ。
パクッて口に入れると、
みんなあれっ!
そんな顔を見るのが
愉快なんだ。

1章　アレンジチョコレート

Recipe 05

チョコレートサラミ

テクニック………… 溶かす
難易度………………★
材料（2本分）
ブラックチョコレート……70g
全粒粉のビスケット……100g
無塩バター………………70g
ココアパウダー…………30g
シナモンパウダー……小さじ1
コアントロー……………15㎖
ヘーゼルナッツ…………30g
アーモンド………………20g
くるみ……………………20g
レモンの皮………………½個分
オレンジの皮……………½個分
ココアパウダー(飾り用)…適量
粉砂糖(飾り用)…………適量

準備しておくこと
●ブラックチョコレートは刻み、湯せんで溶かしておく
●バターは室温に戻し、柔らかくしておく
●ココアパウダーはふるっておく

1 ヘーゼルナッツ、アーモンド、くるみは細かく刻み、全粒粉のビスケットは手で粗く砕く。レモンとオレンジの皮はすりおろす。

2 ボウルに柔らかくしたバターを入れ、ふるったココアパウダーを加え、シナモンパウダーとコアントローを加えて泡立て器でよく混ぜる。

3 ②に①と湯せんで溶かしたブラックチョコレートを加え、ゴムべらで全体が茶色くなるまでよく混ぜる。

4 ラップに③の½量をのせ、隙間があかないように直径2.5cmの長さ20cmに形を整え、両端をとじる。同じようにもう1本作り、冷蔵庫で30分ほど冷やし固める。

5 しっかり固まったらラップをはずし、はけでココアパウダーと粉砂糖をまだらにつける。

One Point Advice レモンとオレンジの皮は白いところが出ないよう、表面だけをすりおろす。

見た目はサラミで、
味はナッツやフルーツの
風味がぎゅっと詰まった
チョコレート。
不思議なおいしさなんだ。

1章　アレンジチョコレート

Recipe 06

チョコ春巻き

テクニック………溶かす
難易度………………★

材料（8本分）
ブラックチョコレート……60g
ホワイトチョコレート……30g
春巻きの皮……………4枚
無塩バター……………30g
アーモンドスライス……40g
ピスタチオ……………20g
ラムレーズン…………30g
オレンジピール………30g

準備しておくこと
●ブラックチョコレートは刻み、湯せんで溶かしておく
●ホワイトチョコレートは刻んでおく
●バターは湯せんで溶かしておく
●オーブンは160度に温めておく

1 ピスタチオ、ラムレーズン、オレンジピールは刻む。

2 春巻きの皮は半分に切り、表面の端を1cmくらい残して溶かしたバターをはけで薄く塗る。

3 ②の上に同じように湯せんで溶かしたブラックチョコレートをはけで薄く塗る。

4 ③の上にアーモンドスライスをのせる。

5 さらに刻んだホワイトチョコレートと①のピスタチオとラムレーズン、オレンジピールをのせる。

6 短いほうの両端を中に折り込み、縦に三つ折りにする。

7 天パンに⑥を並べ、表面に溶かしたバターをはけで薄く塗り、160度のオーブンで7〜8分表面に軽く焦げ目がつく程度になるまで焼く。

One Point Advice

春巻きの皮は乾くと割れてしまう。その場合は霧吹きで水を吹きかけて湿らせると扱いやすい。中に入れるナッツ類は、ほかの種類でも違った風味が楽しめる。

溶かしバターを塗るから、
春巻きの皮が
サクサクしてパイみたい。
つい手がのびる、
軽いおいしさなんだ。

1章　アレンジチョコレート

Recipe 07

チョコエッグ

テクニック……… ガナッシュ
難易度………………… ★★

材料（5個分）
ブラックチョコレート……200g
生クリーム………………120mℓ
コアントロー…………小さじ½
セミドライあんず…………3個
卵の殻……………………5個分
セミドライあんず（飾り用）
……………………………5個
ホワイトチョコレート（飾り用）
……………………………適量

準備しておくこと
●ブラックチョコレートは刻んでおく
●ホワイトチョコレートは刻み、湯せんで溶かしておく
●オーブンは150度に温めておく

1　卵のとがっているほうをスプーンの背で軽くたたき、殻を割る。

2　上の部分の殻を取って中身を出し、水洗いをして150度のオーブンで5分ほど焼き乾かす。セミドライあんず3個を刻み、殻の中に入れておく。

3　ボウルに刻んだブラックチョコレートを入れ、生クリームを沸騰させて加え混ぜ、ガナッシュを作り、コアントローを加えて混ぜる。

4　③のガナッシュを絞り出し袋に入れ、卵の殻の八分目くらい（約50g）まで絞り入れ、冷蔵庫で30分ほど冷やし固める。

5　固まったガナッシュの上中央に飾り用のセミドライあんずを丸く切って置き、湯せんで溶かしたホワイトチョコレートを絞り出し袋に入れてまわりに絞り入れる。

One Point Advice 卵の殻は水でよく洗い、水けをきり、殺菌のために必ずオーブンで焼くこと。黄身の部分は色をつけたマジパンで作ってもおもしろい。

中身はリキュールの
風味をきかせたガナッシュ。
殻をむこうか
スプーンで食べようか、
迷っちゃうね。

Chocolate Book

2章　本格チョコレート

チョコレート本来のおいしさがたっぷり楽しめる、トリュフやパヴェに代表される生チョコレート。自分で作るなんてとても無理だわ、そんなことは考えなくても大丈夫。刻んだチョコレートと生クリームでガナッシュができれば、あとは丸めてココアパウダーや粉砂糖でお化粧をするだけ！ スパイスやリキュール、ナッツなども大事なエッセンス。極上の一品ができ上がる。

Chapter 2

パヴェショコラ
大人のトリュフ　ブランデー風味＆スパイシー風味
和のトリュフ　ゆず風味＆栗風味
オセロチョコレート
アーモンドトリュフ
コルクチョコレート

Recipe 08

パヴェショコラ

テクニック……… ガナッシュ
難易度……………… ★★

材料(21.5cm×15cm×1cmの角型バット1枚分)
ミルクチョコレート ……… 100g
ブラックチョコレート ……… 100g
生クリーム ……… 130mℓ
無塩バター ……… 10g
ココアパウダー ……… 適量

準備しておくこと
●ミルクチョコレートとブラックチョコレートは刻んでおく
●バターは室温に戻し、柔らかくしておく
●バットにラップを敷いておく

1　ボウルに刻んだミルクチョコレートとブラックチョコレートを入れ、生クリームを沸騰させて加え混ぜ、ガナッシュを作る。

2　①に柔らかくしたバターを加え、泡立て器でよく混ぜる。

3　ラップを敷いたバットに②を流し入れ、冷蔵庫で30分ほど冷やし固める。

4　包丁で切れるくらいの硬さになったら表面にココアパウダーをまぶす。

5　好みの大きさにカットし、断面にもココアパウダーをまぶす。

One Point Advice → 生チョコは溶けやすいので、冷蔵庫で保存。持ち歩くときも、できるだけ短時間を心がけ、早めに食べきること。

口に入れると
ふわっと溶けるのが
生チョコの魅力。
ガナッシュを固めるだけで、
あっという間に
できちゃうよ。

2章　本格チョコレート

{ Recipe 09 }

大人のトリュフ
ブランデー風味&スパイシー風味

テクニック……ガナッシュ
難易度…………★★★

材料（各30個分）
〈ブランデー風味〉
ブラックチョコレート……170g
生クリーム……………90㎖
無塩バター……………20g
バニラ…………………¼本
ブランデー……………10㎖
ココアパウダー（飾り用）…適量
〈スパイシー風味〉
ブラックチョコレート……170g
生クリーム……………100㎖
無塩バター……………20g
七味唐辛子……………小さじ1
黒粒こしょう…………小さじ1
粉砂糖（飾り用）………適量

準備しておくこと
●ブラックチョコレートは刻んでおく
●バターは室温に戻し、柔らかくしておく

1　ブランデー風味は鍋に生クリームを入れ、バニラのさやから取り出した種を加え入れて沸騰させ、刻んだブラックチョコレートに加えて混ぜ、ガナッシュを作る。

スパイシー風味は鍋に生クリームを入れ七味唐辛子と黒粒こしょうを加え入れて沸騰させ、ブランデー風味と同じようにガナッシュを作る。

2　①に柔らかくしたバターを加え、泡立て器でよく混ぜ、ブランデー風味はここでブランデーを加えて混ぜる。

3　②のボウルの底を氷水にあてながら、もったりと絞りやすい硬さになるまでさます。

4　③を絞り出し袋に入れ、直径11ミリの丸形口金でクッキングシートの上に丸く絞る。

5　④を冷蔵庫で15分冷やし固め、手のひらで転がすように丸めながら形を整え、ブランデー風味はココアパウダー、スパイシー風味は粉砂糖をまぶす。

One Point Advice → ガナッシュを氷水にあてすぎると、固くなって絞りにくくなるのでご注意！　丸く絞るのは何度か作ればすぐに上手になるよ！

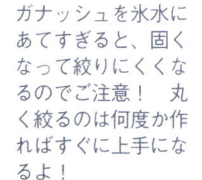

洋酒や
スパイスを加えることで、
香りも味わいも格段にアップ。
大人の風味を存分に
楽しもう！

ブランデー風味

スパイシー風味

和のトリュフ

ゆず風味 & 栗風味

テクニック……… ガナッシュ
難易度 ………………★★

材料（各20個分）
〈ゆず風味〉
ミルクチョコレート ……… 60g
ブラックチョコレート ……… 30g
生クリーム ……… 45ml
無塩バター ……… 15g
ゆずのコンフィ ……… 20g
フリーズドライのゆず（飾り用）
……… 10g

〈栗風味〉
ミルクチョコレート ……… 60g
ブラックチョコレート ……… 30g
生クリーム ……… 45ml
無塩バター ……… 15g
栗の甘露煮 ……… 8個
粉砂糖（飾り用）……… 適量

準備しておくこと
● ミルクチョコレートとブラックチョコレートは刻んでおく
● バターは室温に戻し、柔らかくしておく
● ゆずのコンフィは細かく刻んでおく
● フリーズドライのゆずは細かく砕いておく
● 栗の甘露煮 3個は細かく刻み、5個は裏ごししておく

1 ボウルに刻んだミルクチョコレートとブラックチョコレートを入れ、生クリームを沸騰させて加え混ぜ、ガナッシュを作る。柔らかくしたバターを加えてよく混ぜる。

2 ゆず風味は刻んだゆずのコンフィを、栗風味は刻んだ栗の甘露煮を加える。

3 ②のボウルの底を氷水にあてながら、もったりと絞りやすい硬さになるまでさます。

4 ③を絞り出し袋に入れ、直径14.5mmの丸形口金で口金と同じ太さになるようクッキングシートの上に絞り出し、冷蔵庫で15分ほど冷やし固める。

5 ④を3cmくらいの長さにカットする。ゆず風味はフリーズドライゆずを全体にまぶす。

栗風味は裏ごしした栗の甘露煮を全体にまぶしつけ、同じように粉砂糖もまぶす。

One Point Advice

柑橘類の香りはチョコレートによく合うんだ。オレンジとはまた違う、ゆずのさっぱりした風味もおすすめ。フリーズドライのゆずは料理用として市販されているものを使用。

和の素材を生かした2種。
それぞれに違った味わいで
チョコレートとの
ハーモニーは絶品。

栗風味

ゆず風味

オセロチョコレート

テクニック……… ガナッシュ
難易度…………………★

材料
（21.5cm×15cm×1cmの角型
バット1枚分）
〈ブラックチョコ〉
ブラックチョコレート……100g
生クリーム……………50ml
はちみつ………………10g
〈ホワイトチョコ〉
ホワイトチョコレート……120g
無塩バター……………35g

準備しておくこと
● ブラックチョコレートは刻んでおく
● ホワイトチョコレートは刻み、湯せんで溶かしておく
● バターは室温に戻し、柔らかくしておく
● バットにラップを敷いておく

1. ボウルに刻んだブラックチョコレートを入れ、生クリームにはちみつを加え沸騰させて加え混ぜ、ガナッシュを作る。

2. ラップを敷いたバットに①のガナッシュを流し入れる。

3. カードで表面を平らにし、冷蔵庫で15分ほど冷やし固める。

4. 湯せんで溶かしたホワイトチョコレートに柔らかくしたバターを加えてゴムべらでよく混ぜる。

5. ④を③の上に流して平らにし、再び冷蔵庫で15分ほど冷やし固める。直径3cmの丸い抜き型で抜く。

One Point Advice → バットにはブラックチョコレートを先に流すほうが仕上がりがきれい。チョコレートが硬すぎて抜きにくかったら、抜き型をお湯でちょっと温めて。

ブラックチョコの
ほろ苦さと
ホワイトチョコの
ミルク風味がドッキング。
2つの味が楽しめる
おいしさかな。

2章 本格チョコレート

{ Recipe 12 }

アーモンドトリュフ

テクニック……… 溶かす
難易度……………… ★★

材料（30個分）
ホワイトチョコレート……… 40g
ジャンドゥージャ………… 200g
アーモンドダイス（飾り用）
………………………………適量

準備しておくこと
●ホワイトチョコレートとジャンドゥージャは刻み、それぞれ湯せんで溶かしておく
●バットにクッキングシートを敷いておく
●アーモンドダイスが生の場合は160度のオーブンで10分ほどローストする

1 ボウルに湯せんで溶かしたホワイトチョコレートとジャンドゥージャを入れ、ゴムべらでよく混ぜる。ボウルの底を氷水にあてながら、もったりと絞りやすい硬さまでさます。

2 1を絞り出し袋に入れ、直径11ミリの丸形口金でクッキングシートの上に丸く絞る。

3 2を冷蔵庫で30分ほど冷やし固め、手のひらで転がすように丸めながら形を整え、アーモンドダイスを全体にまぶす。

One Point Advice → ジャンドゥージャはヘーゼルナッツのペーストを練り込んだチョコレート。製菓材料専門店で手に入るのでぜひとも作ってみて。びっくりするほどおいしいよ。

アーモンドで
お化粧したナッツトリュフ。
ジャンドゥージャの味わいと
ナッツの歯触りに
ついつい手がのびる。

2章　本格チョコレート

{ Recipe 13 }

コルクチョコレート

テクニック………… 溶かす
難易度……………… ★

材料（約20個分）
ミルクチョコレート………… 30g
ホワイトチョコレート……… 20g
無塩バター………………… 5g
マロンペースト…………… 60g
アーモンドダイス………… 100g
インスタントコーヒー…… 適量

準備しておくこと
●ミルクチョコレートとホワイトチョコレートは刻み、湯せんで溶かしておく
●バターは室温に戻し、柔らかくしておく
●アーモンドダイスが生の場合は160度のオーブンで10分ほどローストする
●インスタントコーヒーは少量のお湯で溶いておく

1　ボウルに湯せんで溶かしたミルクチョコレートとホワイトチョコレートを入れ、ゴムベラでよく混ぜる。

2　1に柔らかくしたバター、マロンペースト、アーモンドダイスを加え、ゴムべらでよく混ぜ合わせる。

3　2をラップの上に細長く流し、ラップで巻いて転がすようにして直径2cm弱の棒状にする。

4　3を冷蔵庫で30分ほど冷やし固め、3cmくらいの長さにカットする。仕上げに少量のお湯で溶いたインスタントコーヒーをはけで塗る。

One Point Advice → ホールのアーモンドを細かく刻むのは大変なので、初めから細かく刻んであるアーモンドダイスを手に入れよう。

アーモンドのつぶつぶ感で、
本物のコルクみたいなでき上がり。
ワインを抜きながら
パクッと食べたら、
みんなびっくりだね。

Chocolate Book

3章　オーブンを使った焼き菓子

Chapter 3
チョコレートカップケーキ
チョコバナナパウンドケーキ
ブラウニー
ブロンディ
ガトーショコラ
ベイクドチョコチーズケーキ
チョコミルフィーユ
チュイールショコラ
子ぶたの鼻のクッキー
チョコレートスフレ
チョコレートシナモンクッキー

焼き菓子を作るのって、ホントに楽しいんだ。焼いている途中にキッチンに広がるチョコレートの甘い香りはなんともいえないし、焼きたてとよくさました両方のおいしさが味わえるのも、手作りならでは。ケーキもクッキーもおやつやプレゼントの定番。生地ができたらあとはオーブンにおまかせ。作るのも楽しく、食べてもおいしいんだから、最高だよね！

チョコレートカップケーキ

テクニック ………… 刻む
難易度 ………… ★★

材料（マフィン型6個分）
- ブラックチョコレート …… 20g
- 無塩バター …………… 100g
- グラニュー糖 ………… 80g
- 薄力粉 ………………… 100g
- ベーキングパウダー … 2.5g
- ココアパウダー ……… 2g
- 卵 ……………………… 2個
- バニラエッセンス …… 少々

準備しておくこと
- ブラックチョコレートは刻んでおく
- バターは室温に戻し、柔らかくしておく
- 薄力粉とベーキングパウダーは一緒にふるっておく。ココアパウダーはふるっておく
- 卵は溶いておく
- オーブンは180度に温めておく

1 ボウルに柔らかくしたバターを入れ、泡立て器でマヨネーズくらいの硬さになるまでよく混ぜ、グラニュー糖を加えてさらによくすり混ぜる。

2 溶いた卵を3回に分けて加え、よく混ぜ、バニラエッセンスを加える。

3 2にふるった薄力粉とベーキングパウダーを加え、ゴムべらで混ぜ合わせる。

4 バニラ味とチョコレート味を作る。3の生地を半分に分け、片方にふるったココアパウダーを加え混ぜる。それぞれの生地をマフィン型2個ずつに六〜七分目まで流す。

5 マーブル味を作る。4の残った生地を一つのボウルに入れ、それぞれが混ざらないようにマフィン型2個に流す。

6 4と5のマフィン型の底を軽く叩いて生地を平らにし、刻んだブラックチョコレートを生地の上にのせ、180度のオーブンで30分焼く。

One Point Advice → 溶いた卵を加えていくときに分離ぎみになったら、途中で材料表内の薄力粉を大さじ1程度加えるときれいに混ざる。粉類を合わせたあとは、ボウルの底から生地を持ち上げるように、ゴムべらでさっくりと混ぜること。

バニラとチョコレートとマーブルの、
ふんわりカップケーキ。
焼きたてはもちろん、
さめてもおいしいおやつの定番。

3章　オーブンを使った焼き菓子

{ Recipe 15 }

チョコバナナパウンドケーキ

テクニック............溶かす
難易度....................★★

材料（18cm×7.5cm×6.5cm
　　のパウンド型 1 台分）
ブラックチョコレート......20g
無塩バター...................50g
グラニュー糖................100g
A ┌ 薄力粉.....................75g
　│ ココアパウダー..........20g
　└ ベーキングパウダー......2g
卵黄...........................3個
バナナ........................80g
ブラックチョコレート（飾り用）......30g
バナナチップ................適量

準備しておくこと
●パウンド用、飾り用のブラックチョコレートは刻み、湯せんで溶かしておく
●バターは室温に戻し、柔らかくしておく
●Aの粉類は一緒にふるっておく
●卵黄は溶いておく
●オーブンは180度に温めておく

1　パウンド型にバター（材料表外）をはけで薄く塗り、薄力粉（材料表外）をふって、余分な粉をしっかり落とす。

2　バナナは半分にしてそれぞれラップで包み、1つはペースト状、もう1つは形が残る程度に手でつぶす。

3　ボウルに柔らかくしたバターを入れ、泡立て器でマヨネーズくらいの硬さになるまでよく混ぜ、グラニュー糖を加えてさらによくすり混ぜる。

4　3に溶いた卵黄を3回に分けて加え、よく混ぜる。湯せんで溶かしたブラックチョコレートも加えて混ぜ、2のペースト状のバナナを加えてゴムべらで合わせる。

5　4にふるったAの粉類を一度に加えて、粉っぽさがなくなるまで混ぜ合わせ、1の型に流し入れる。

6　表面をゴムべらで平らにならし、180度のオーブンで約40分焼く。さめたら溶かした飾り用のブラックチョコレートを塗り、バナナチップをのせる。

One Point Advice → 溶かしたチョコレートを加えることでしっとりとした焼き上がりに。粉類を加えたら混ぜる回数はできるだけ少なく。ゴムべらでボウルの底から上に向かって大きく混ぜること。

チョコレートとの
相性抜群！
生地に練り込んだバナナが
ほのかに香る
リッチなケーキに。

3章　オーブンを使った焼き菓子

Recipe 16

ブラウニー

テクニック……… 溶かす
難易度 ……………… ★★

材料（直径18cmのスポンジ型1台分）
ブラックチョコレート ……80g
無塩バター ………………80g
グラニュー糖 ……………50g
A ┌ 薄力粉 …………………80g
　├ ココアパウダー ………20g
　└ ベーキングパウダー …2g
卵 …………………………1½個分
アーモンド（皮つき）……20g
くるみ ……………………15g
甘納豆（飾り用）…………50g

準備しておくこと
●ブラックチョコレートは刻んでおく
●Aの粉類は一緒にふるっておく
●卵は溶いておく
●ナッツ類は刻んでおく
●型にクッキングシートを敷いておく
●オーブンは180度に温めておく

1　ボウルに刻んだブラックチョコレートとバターを入れ、湯せんで溶かす。

2　別のボウルに溶いた卵を入れてグラニュー糖を加え、グラニュー糖が溶けるまで泡立て器でよくすり混ぜる。

3　①に②を加え、よく混ぜる。

4　③にふるったAの粉類を一度に加え、ゴムべらで粉っぽさがなくなるまでさっくりと合わせる。

5　④に刻んだアーモンドとくるみを加えて混ぜ合わせる。

6　⑤をクッキングシートを敷いた型に流し入れ、上に甘納豆を飾る。180度のオーブンで20〜25分焼く。

One Point Advice → 甘納豆の種類はお好みで。煮豆や栗の甘露煮、マロングラッセなどでもおいしくできるので、いろいろ試してみて！

シンプルな
チョコレートケーキの
ブラウニーに甘納豆を
トッピング。
おやつの定番になりそうな
素朴なおいしさ。

3章　オーブンを使った焼き菓子

Recipe 17

ブロンディ

テクニック............溶かす
難易度...................★★

材料（18cm×7.5cm×6.5cmのパウンド型 2 台分）
- ホワイトチョコレート........80g
- 無塩バター........80g
- グラニュー糖........50g
- A
  - 薄力粉........100g
  - ベーキングパウダー........2g
- 卵........1½個
- レーズン........30g
- B
  - ヘーゼルナッツ........30g
  - アーモンド........30g
  - ピスタチオ........10g

準備しておくこと
- ホワイトチョコレートは刻んでおく
- Aの粉類は一緒にふるっておく
- 卵は溶いておく
- Bのナッツ類は⅓量を粗く刻んでおく
- 型にクッキングシートを敷いておく
- オーブンは180度に温めておく

1 ボウルに刻んだホワイトチョコレートとバターを入れ、湯せんで溶かす。

2 別のボウルに溶いた卵を入れてグラニュー糖を加え、グラニュー糖が溶けるまで泡立て器でよくすり混ぜる。

3 1に2を加え、よく混ぜる。

4 3にふるったAの粉類を一度に加え、ゴムべらで粉っぽさがなくなるまでさっくりと合わせる。

5 4にBのナッツ類の⅔量（刻んでないもの）とレーズンを加えて混ぜ合わせる。

6 5をクッキングシートを敷いた型に½量ずつ流し入れ、粗く刻んだ残りのナッツ類を上に飾る。180度のオーブンで15～20分焼く。

One Point Advice → ヘーゼルナッツのかわりにカシューナッツを使っても。粉類を混ぜるときはボウルの底から手早く生地を大きく持ち上げるようにすると、だまにならずに上手に混ざる。

ブラウニーを
ホワイトチョコでアレンジ。
3種類のナッツとレーズンで、
食感よし、
彩りよしの一品に。

57

3章 オーブンを使った焼き菓子

{ Recipe 18 }

ガトーショコラ

テクニック……… 溶かす
難易度 …………… ★★

材料（直径8cm、深さ4.5cmの
ココット型6個分）
ブラックチョコレート …… 160g
無塩バター …………………… 80g
グラニュー糖 ………………… 80g
薄力粉 ………………………… 20g
卵 ……………………………… 3個
栗の甘露煮（渋皮つき）
　……………………………… 6個
粉砂糖 ……………………… 適量

準備しておくこと
●ブラックチョコレートは刻んでおく
●薄力粉はふるっておく
●卵は卵黄と卵白に分け、卵黄は溶いておく
●オーブンは180度に温めておく

1 ボウルに刻んだブラックチョコレートとバターを入れ、湯せんで溶かす。

2 ココット型に栗の甘露煮を1個ずつ入れる。

3 1に卵黄を加えて混ぜ、ふるった薄力粉を加えて粉っぽさがなくなるまでゴムべらで混ぜ合わせる。

4 別のボウルに卵白を入れ、グラニュー糖を少しずつ加え、ハンドミキサーでしっかり泡立ててメレンゲを作る（P.95参照）。

5 3に4のメレンゲを加え、ゴムべらでさっくりと合わせる。

6 ココット型6個に、5の生地を均等に流し入れ、180度のオーブンで約30分焼く。さめたら仕上げに粉砂糖をふる。

One Point Advice → 栗は瓶詰の甘露煮を使用。渋皮つきを使うとさらに風味が増し、そのほかマロングラッセやバナナなどでもおいしくできる。いずれにしても、ねっとりしたものがおすすめ。

しっとりチョコレートの中に
栗を丸ごと閉じ込めた
リッチなおいしさ。
渋皮つきの栗を使えば
さらに風味がアップ！

3章　オーブンを使った焼き菓子

{ Recipe 19 }

ベイクドチョコチーズケーキ

テクニック………溶かす
難易度………………★★

材料（20cm×13cm×4cmの角型バット1台分）
〈土台〉
グラハムクラッカー……80g
無塩バター………………30g
卵……………………………½個
〈フィリング〉
ブラックチョコレート……35g
クリームチーズ…………133g
生クリーム………………175ml
A ┌ グラニュー糖…………35g
　├ 薄力粉…………………7g
　└ コーンスターチ………5g
卵……………………………1½個

準備しておくこと
●チョコレートは刻み、湯せんで溶かしておく
●グラハムクラッカーは細かく砕いておく
●バターとクリームチーズは室温に戻し、柔らかくしておく
●Aの粉類は一緒にふるっておく
●卵は溶いておく
●オーブンは180度に温めておく

1　土台を作る。ボウルに細かく砕いたグラハムクラッカーと柔らかくしたバター、溶いた卵を加えて混ぜ、型の底に敷きつめて180度のオーブンで約8分焼く。

2　フィリングを作る。ボウルに柔らかくしたクリームチーズを入れ、生クリームを少しずつ加えながらなめらかになるまで泡立て器で混ぜ合わせる。

3　②に溶いた卵を2回に分けて加え、混ぜる。さらにふるったAの粉類を一度に加えてさっくりと混ぜ合わせる。

4　フィリングが冷たいときは少し火にかけて常温くらいまで温度を上げ、湯せんで溶かしたブラックチョコレートを加え、混ぜる。

5　④をこし器でこし、ラップをかけて冷蔵庫で30分ねかせる。

6　①で焼き上がった土台の粗熱がとれたら⑤のフィリングを流し入れ、170度のオーブンで約20分焼く。

One Point Advice →
土台の生地を敷くときは型の隅まで均等に。焼くと縮むので、縁の部分を少し高くするときれいに仕上がる。フィリングはボウルや泡立て器についた生地も残さず使うこと。せっかく量った分量が変わってしまう。

冷やしたあとの
引き締まったおいしさも格別！
焼きたてはまた
ひと味違った豊かな風味!!
両方味わえるのは
手作りならでは。

3章 オーブンを使った焼き菓子

Recipe 20

チョコミルフィーユ

テクニック……………溶かす
難易度…………………★★

材料（7cm×10cm×7cm 4個分）
ホワイトチョコレート……60g
冷凍パイシート……150g×2枚
カスタードパウダー………70g
牛乳………………………200ml
グランマルニエ……………10ml
バナナ………………………1本
フランボワーズ…………1パック
ブルーベリー……………1パック
レモン汁……………………適量
粉砂糖………………………適量

準備しておくこと
●ホワイトチョコレートは刻み、湯せんで溶かしておく
●牛乳は冷蔵庫で冷やしておく
●バナナは5mmの輪切りにしてレモン汁につけ、水けをきっておく
●オーブンは200度に温めておく

1 冷凍パイシートに軽く打ち粉（材料表外の強力粉）をして1枚あたり21cm×20cmにのばし、バットにのせ、冷蔵庫で20分間ねかせる。

2 ①を7cm×10cmにカットした12枚を天パンに並べ、フォークで全体に穴をあける。200度のオーブンで約10分、薄く色がつくまで焼く。

3 ボウルに冷やした牛乳とカスタードパウダーを入れ、泡立て器でつやが出るまで混ぜる。

4 ③に湯せんで溶かしたホワイトチョコレートを加えて泡立て器で混ぜ合わせ、グランマルニエを加えて、カスタードクリームを作る。

5 ④を絞り出し袋に入れ、②で焼き上がったパイの粗熱がとれたら表面全体に10mmの波型口金で絞る。

6 バナナ、フランボワーズ、ブルーベリーをのせ、フルーツの上にもカスタードクリームを絞る。

7 上にパイをのせ、同じようにフルーツとカスタードクリームで飾る。さらに残りのパイをのせ、粉砂糖をふる。

One Point Advice → ブルーベリーなどの代わりに季節のフルーツでアレンジしてもおいしいよ！めん棒でのばした冷凍パイシートは縁の部分を包丁で切り落としておくときれいに盛り上がる。

フルーツたっぷりの
華やかなお菓子。
冷凍パイシートと
カスタードパウダーを使って、
簡単手作りを
楽しもう！

3章　オーブンを使った焼き菓子

{ Recipe 21 }

チュイールショコラ

難易度 ……………………… ★

材料
（直径約8cm12枚分）
卵 ……………………… ½個分
卵白 …………………… ½個分
A ┌ 薄力粉 ………………… 5g
　├ 粉砂糖 ……………… 30g
　└ ココアパウダー …… 2g
アーモンドスライス …… 30g
バニラエッセンス …… 小さじ¼

準備しておくこと
●Aの粉類は一緒にふるっておく
●天パンにクッキングシートを敷いておく
●オーブンは160度に温めておく

1 ボウルに卵と卵白を入れて泡立て器で軽く混ぜ、ふるったAの粉類を一度に加え、よく混ぜ合わせる。

2 [1]にアーモンドスライスとバニラエッセンスを加え、ゴムべらで軽く混ぜ合わせ、ラップをかけて冷蔵庫で約30分ねかせる。

3 [2]を冷蔵庫から出したら、ゴムべらで軽く混ぜ、クッキングシートを敷いた天パンに生地を大さじ1程度落とす。

アーモンドが重ならないようにスプーンの背で薄く直径約8cmの円形にのばす。

4 160度のオーブンで約10分焼く。オーブンから出したらすぐにフライ返しで取り、めん棒などの上にのせて軽く丸めるように形を作る。

One Point Advice → 焼く前の生地はかなりゆるゆるで大丈夫。ただし、しっかり冷蔵庫でねかせること。目安は30分だけど、白い空気の泡がなくなるまでと覚えておいて。焼き上がりが全然違ってくる。

サクサクのほろ苦い生地と
アーモンドの風味が
ぴったりマッチ。
お洒落なコーヒータイムが
楽しめそう。

3章　オーブンを使った焼き菓子

{ Recipe 22 }

子ぶたの鼻のクッキー

テクニック………溶かす
難易度………………★★

材料（約5cm×3cm20個分）
ホワイトチョコレート……70g
無塩バター……………125g
グラニュー糖……………60g
薄力粉…………………200g
ココアパウダー…………50g
卵………………………1個

準備しておくこと
●ホワイトチョコレートは刻み、湯せんで溶かしておく
●バターは室温に戻し、柔らかくしておく
●薄力粉とココアパウダーは一緒にふるっておく
●卵は溶いておく
●厚手の紙で下の子ぶたの鼻型をトレースして型紙を作っておく
●オーブンは170度に温めておく

1 ボウルに柔らかくしたバターとグラニュー糖を入れ、泡立て器でクリーム状になるまで混ぜ、溶いた卵を加え、なめらかになるまでさらによく混ぜ合わせる。

2 ①にふるった薄力粉とココアパウダーを一度に加え、ゴムべらで粉っぽさがなくなるまでさっくりと合わせる。

3 ②をラップで包んで冷蔵庫で約30分、ねかせる。打ち粉（材料表外の強力粉）を軽くふり、めん棒で厚さ3mmにのばしたら再度、冷蔵庫で約15分生地をねかせる。

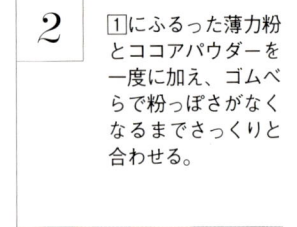

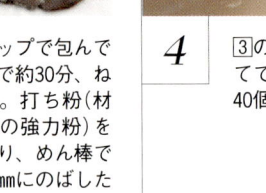

4 ③の生地に型紙をあててペティナイフで40個切り抜く。

5 ④の½量はそのまま。残りの½量に抜き型や口金などで丸い穴を2つあける。天パンに並べ冷蔵庫で20分ほど冷やし固め、170度のオーブンで約8〜10分焼く。

6 穴のあいていないクッキーに、湯せんで溶かしたホワイトチョコレートを絞り出し袋に入れて、穴よりも少し大きめに絞る。

7 ⑥に穴のあいたクッキーをのせて2枚を重ね、ホワイトチョコレートが固まるまで約10分おく。

子ぶたの鼻型（原寸）

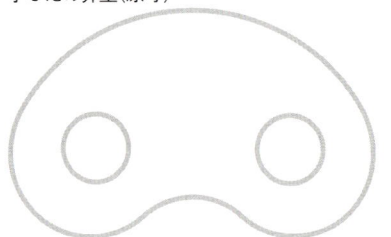

One Point Advice →

生地を何度も冷やすのは型抜きをしやすく、さっくりとした焼き上がりにするため。残った生地はあまり練り直さずに、そのまま焼いて食べたほうがおいしい。

子ぶたの鼻をかたどった
ココア生地のクッキーに
ホワイトチョコをサンド。
かわいい形ととびきりのおいしさは、
プレゼントにもぴったり。

3章　オーブンを使った焼き菓子

Recipe 23

チョコレートスフレ

テクニック………… 溶かす
難易度……………… ★★★

材料（直径8cm、深さ4.5cmの
　ココット型4個分）
ミルクチョコレート………70g
グラニュー糖……………60g
卵…………………………3個
クラコット………………1枚
グランマルニエ…………適量
粉砂糖……………………適量

準備しておくこと
●ミルクチョコレートは刻み、湯せんで溶かしておく
●無塩バター（材料表外）は室温に戻し、柔らかくしておく
●卵は卵黄と卵白に分け、卵黄は溶いておく
●オーブンは200度に温めておく

1　ココット型の側面に柔らかくした無塩バターをはけで薄く塗り、グラニュー糖（材料表外）をまぶす。余分なグラニュー糖は、はたいて落とす。

2　クラコットは型に入る大きさにカットし、両面にグランマルニエをはけで塗り、型に入れる。

3　ボウルに溶いた卵黄を入れ、湯せんで溶かしたミルクチョコレートを加え、混ぜ合わせる。

4　別のボウルに卵白を入れ、グラニュー糖を少しずつ加え、ハンドミキサーでしっかり泡立ててメレンゲを作る（P.95参照）。

5　③に④のメレンゲの約⅓量を加えて泡立て器で手早く混ぜ、残りのメレンゲを加えてさらに混ぜ合わせる。

6　②の型に⑤の生地を流し、パレットナイフなどで表面をすりきる。

7　粉砂糖をふり、200度のオーブンで約10分焼く。生地が2倍にふくらんだらオーブンから出し、焼きたてをいただく。

One Point Advice →　無塩バターとグラニュー糖をつけるのはココット型の内側の側面だけ。また、型の縁の内側についた生地を少しだけ指で取り除いておくと、さらにきれいに盛り上がる。

きれいにふくらむように
焼くのは難しそう。
でもコツさえつかめば
意外と簡単。
できたて熱々をさあどうぞ！

3章　オーブンを使った焼き菓子

{ Recipe 24 }

チョコレートシナモンクッキー

テクニック……………刻む
難易度………………★★

材料（直径約10cm 9枚分）
ブラックチョコレート………40g
無塩バター………………100g
グラニュー糖……………85g
A ┌ 薄力粉……………………90g
  │ アーモンドパウダー…20g
  │ シナモンパウダー……10g
  │ ココアパウダー………10g
  └ ベーキングパウダー…1g
卵………………………………1個
牛乳…………………………10mℓ
アーモンド（皮つき）………40g
ヘーゼルナッツ………………40g

準備しておくこと
●ブラックチョコレートは刻んでおく
●バターは室温にもどし、柔らかくしておく
●Aの粉類は一緒にふるっておく
●卵は溶いておく
●ナッツ類は刻んでおく
●オーブンは170度に温めておく

1　ボウルに柔らかくした無塩バターとグラニュー糖を入れ、泡立て器でクリーム状になるまですり混ぜる。

2　①に溶いた卵を加え、なめらかになるまでしっかり混ぜ合わせ、牛乳を加える。

3　②に刻んだナッツ類を加えてゴムべらで混ぜ、Aのふるった粉類を一度に加え、粉っぽさがなくなるまでさっくりと混ぜ合わせる。

4　天パンに③の生地をスプーンの背で直径約10cmの円形にのばし、上に刻んだブラックチョコレートを散らす。170度のオーブンで約13分焼く。

One Point Advice →　アーモンドパウダーを使うと、さっくりとした焼き上がりに。粉類は分けて入れると、それだけ混ぜる回数が増え粘りけが出てしまうので、一度に加えるのがポイント。

サクサクとした食感と
シナモンの香り高いクッキーは、
食べだしたら
止まらないおいしさ!

71

Chocolate Book

4章　デザート＆パーティーレシピ

チョコレートって不思議だよね。そのままでもいいし溶かしてもいいし、いろんな使い方ができるんだ。それに、甘さと苦みの独特な風味は、フルーツやチーズとも相性ぴったり。そんなチョコレートを使って、食事の最後の締めくくりや、わいわい人が集まったときにぴったりの一品を作ってみよう。ちょっと豪華でリッチな演出に、きっとみんなびっくりするよ！

Chapter 4

チョコアイス
チョコレートタルト
チョコミルクレープ
チョコレートムース
ブラマンジェ ショコラ
洋なしのチョコレートソースがけ
チョコレートフォンデュ
クラコット＆チーズのチョコレート仕立て
チョコレートいちごジャム
ホットチョコレートドリンク

4章 デザート＆パーティーレシピ

Recipe 25

チョコアイス

テクニック……………刻む
難易度………………★

材料（各2人分）
ブラックチョコレート………20g
ホワイトチョコレート………20g
バニラアイスクリーム……200g
ストロベリーアイスクリーム
……………………………200g

準備しておくこと
● 盛りつける器を冷凍庫で30分以上冷やしておく

1 チョコレートはそれぞれ刻んでおく。ボウル2つにバニラアイスとストロベリーアイスクリームをそれぞれ入れ、もったりと混ぜやすい硬さになるまで練る。

2 バニラアイスに刻んだブラックチョコレートを、ストロベリーアイスには刻んだホワイトチョコレートをそれぞれ加え、混ぜる。

3 器に盛り、ラップをかけて冷凍庫で15分ほど冷やし固める。

One Point Advice → チョコレートの分量はアイスクリームの1割が目安。バニラアイスには苦みのきいたブラックチョコレートを選ぶと、いっそう味が引き立つ。

冷たく締まった
チョコレートの食感と
口の中に広がるおいしさは
超簡単メニューとは
思えないほど。

ブラック
チョコアイス

ホワイト
チョコアイス

4章　デザート＆パーティーレシピ

{ Recipe 26 }

チョコレートタルト

テクニック……… 溶かす
　　　　　　　　　ガナッシュ
難易度 …………………★★

材料（直径8cmのタルトケース6個分）
タルトケース（市販品）… 6個
〈フィリング〉
ミルクチョコレート ……… 100g
ブラックチョコレート …… 50g
生クリーム ………………… 120ml
いちごジャム ……… 小さじ6強
〈シャンティショコラ〉
ブラックチョコレート …… 50g
生クリーム ………………… 150ml

ブラックチョコレート（飾り用）
　　　　　　　　　　　……適量
粉砂糖（飾り用）…………適量

準備しておくこと
●フィリングのミルクチョコレートとブラックチョコレートは刻んでおく
●シャンティショコラのブラックチョコレートは刻み、湯せんで溶かしておく

1 フィリングを作る。ボウルに刻んだミルクチョコレートとブラックチョコレートを入れ、生クリームを沸騰させて加え、混ぜ、ガナッシュを作る。

2 タルトケースにジャムをスプーンで小さじ1強ずつ塗る。

3 1を2のタルトケースいっぱいまで流し入れ、冷蔵庫で30分ほど冷やし固める。

4 シャンティショコラを作る。ボウルに生クリームを入れ、ハンドミキサーか泡立て器で六分立てにする。

5 湯せんで溶かしたブラックチョコレートに4の生クリームの1/3量を加え、泡立て器で手早く混ぜ、残りの生クリームを加えて混ぜ合わせる。

6 5のシャンティショコラを絞り出し袋に入れ、3の表面に絞る。

7 ブラックチョコレートをスプーンで削って6の上に飾り、粉砂糖をふる。

One Point Advice → 生クリームの六分立てとは、泡立て器を持ち上げたとき、クリームが細い線状になって落ちる状態。生クリームは直前まで冷蔵庫で冷やしておくと扱いやすい。

4つの味の
フィリングとトッピング。
ケーキ屋さん顔負けの味を、
市販のタルトケースで
手軽に!

4章 デザート＆パーティーレシピ

{ Recipe 27 }

チョコミルクレープ

難易度……………★★

材料（直径約18cm×高さ5cm 1台分）

〈クレープ生地〉
- 薄力粉……………50g
- ココアパウダー……10g
- 無塩バター…………15g
- グラニュー糖………15g
- 卵……………………2個
- 牛乳………………180ml

〈クリーム〉
- カスタードパウダー……105g
- 牛乳………………300ml
- キルシュ……………10ml
- いちご（飾り用）……6粒
- バナナ（飾り用）……1本
- フランボワーズ（飾り用）…適量
- 粉砂糖（飾り用）……適量

準備しておくこと
- 薄力粉とココアパウダーは一緒にふるっておく
- バターは湯せんで溶かしておく
- 牛乳はクレープ生地用は人はだ程度に温め、クリーム用は冷蔵庫で冷やしておく
- 卵は溶いておく

1 ボウルにふるった薄力粉とココアパウダー、グラニュー糖と溶いた卵を加えて泡立て器でよく混ぜ、牛乳を少しずつ加え、溶かしたバターも加える。

2 1をこし器でこしてボウルに入れ、ぬれぶきんをかぶせ冷蔵庫で約30分ねかせる。

3 ボウルに冷やした牛乳とカスタードパウダーを入れ、泡立て器でつやが出るまでよく混ぜ、キルシュを加えて混ぜ、絞り出し袋に入れておく。

4 クレープパンを強火でよく熱したら火を弱め、無塩バター（材料表外）を薄く塗り、2の生地をお玉の半分程度流し、薄くのばして約1分焼く。

5 周囲が乾いてきたら、まわりからはがして手で持ち上げ、裏面も約30秒焼き、皿にのせる。順番に12枚焼き、重ねておく。バナナといちごは薄切りにする。

6 ラップの上に4を1枚置き、3のクリームを絞り、バナナをのせ、さらにクリームをうず巻き状に絞りクレープを重ねる。同様にバナナといちごを3組ずつ作る。

7 間にクリームを絞りながら6のバナナといちごのクレープを交互に重ね、ラップで包み冷蔵庫で冷やす。仕上げに粉砂糖をふり、バナナとフランボワーズを飾る。

One Point Advice →
クレープパンがない場合はフライパンでもOK。流す生地の量を調節しながら、同じくらいの大きさに焼き上げていこう。難しいようなら卵焼き器で四角いクレープにするのもおもしろい。

クレープを焼く
コツさえつかめば、
あっという間に
でき上がり。
もちもちしっとりの
おいしさが手軽に
楽しめる。

4章 デザート＆パーティーレシピ

{ Recipe 28 }

チョコレートムース

テクニック............溶かす
難易度......................★★

材料（4人分）
ブラックチョコレート......60g
生クリーム..................180mℓ
グラニュー糖..................10g
卵白............................1個分
アーモンドスライス（飾り用）
..................................適量

準備しておくこと
●ブラックチョコレートは刻み、湯せんで溶かしておく

1 ボウルに生クリームを入れて泡立て器で六分立て（P.76参照）にし、約60度の熱い状態の湯せんで溶かしたブラックチョコレートを加え、手早く混ぜ合わせる。

2 別のボウルに卵白を入れ、グラニュー糖を少しずつ加えてハンドミキサーでしっかり泡立ててメレンゲを作る（P.95参照）。

3 1に2のメレンゲを加え、ゴムべらで混ぜ合わせる。

4 密閉容器に3を流し入れて冷蔵庫で30分ほど冷やし固め、皿に盛ってアーモンドスライスを飾る。

One Point Advice → 溶かしたチョコレートを加えるときは、冷たいと固まってしまうので熱いまま一気に合わせること。盛りつけにはお湯で温めたスプーンを使用。ムースをきれいにすくい取れる。

口に入れた瞬間、
ふわっと溶けるムース。
食事のあとでも
おいしくいただける
軽さです。

4章　デザート＆パーティーレシピ

{ Recipe 29 }

ブラマンジェ ショコラ

テクニック………… 溶かす
難易度……………… ★★

材料（プリン型6個分）
ホワイトチョコレート……20g
生クリーム……………100ml
牛乳……………………300ml
グラニュー糖…………100g
アーモンドスライス……70g
板ゼラチン………………4g
プレーンヨーグルト……15g
キルシュ…………………5ml
バニラアイス……………適量
ミント（飾り用）…………適量

準備しておくこと
● ホワイトチョコレートは刻み、湯せんで溶かしておく
● 板ゼラチンは5分ほど氷水でふやかし、ざるにとって水けをきっておく
● バニラアイスは溶かしておく

1 鍋に牛乳とグラニュー糖を入れ火にかけ、沸騰したら火を止めてアーモンドスライスを加え軽く混ぜ、ふたをして約5分蒸らす。

2 ボウルにこし器をのせ①をこす。泡立て器をアーモンドスライスに押しあてて、しっかりと牛乳に味を移しておく。

3 ②にふやかした板ゼラチンを加えてよく混ぜて溶かし、ボウルの底を氷水にあてて常温まで温度を下げる。

4 ③に湯せんで溶かしたホワイトチョコレート、プレーンヨーグルト、キルシュを加え、ゴムべらで混ぜる。

5 別のボウルに生クリームを入れ、ハンドミキサーで六分立て（P.76参照）にして④に加え、さっくりと合わせる。

6 全体が混ざったら型に流し入れ、冷蔵庫で30分ほど冷やし固める。皿にあけ、まわりに溶かしたバニラアイスを流し、ミントを飾る。

One Point Advice → ゼラチンの分量を最小限に、固める時間は長く。これがとろとろの食感に仕上げるコツ。

とろけるような
口あたりで
テオブロマでも人気の
ブラマンジェ。
ホワイトチョコレートと
バニラアイスでアレンジ。

4章 デザート＆パーティーレシピ

Recipe 30

洋なしのチョコレートソースがけ

テクニック……………溶かす
難易度…………………★★

材料（2人分）
ブラックチョコレート……200g
洋なし………………………2個
牛乳………………………150mℓ
砂糖………………………500g
水…………………………500mℓ
バニラ………………………1本

準備しておくこと
●ブラックチョコレートは刻み、湯せんで溶かしておく

1 洋なしは皮をむき、下からナイフを入れ、しんをくりぬく。

2 バニラはさやをナイフでしごいて種を取り出す。

3 鍋に砂糖と水を入れ、沸騰させてシロップを作り、洋なし、バニラのさやと種を加え、弱火で約5分、洋なしをそっと返して約3分煮る。

4 クッキングペーパーで落としぶたをして弱火でさらに約5分煮て火を止め、そのままさます。

5 別の鍋に牛乳を沸騰させて、湯せんで溶かしたブラックチョコレートに加え、泡立て器で混ぜ合わせ、ソースを作る。

6 皿に4の洋なしをシロップをきって盛り、5のソースをかける。

One Point Advice → 洋なしを煮るのは竹串がすっと通るまで。種類によって硬さと煮る時間が違うからね。煮たシロップはぜひ保存を。お酒をこのシロップで割ると、これがまたおいしいんだ。

洋なしの
コンポートから手作り。
特別な日のディナーの
締めくくりにふさわしい、
リッチなデザート。

4章　デザート＆パーティーレシピ

{ Recipe 31 }

チョコレートフォンデュ

テクニック……………溶かす
難易度…………………★

材料（4人分）
ブラックチョコレート……140g
いちご………………………8個
バナナ………………………1本
パイナップル………………¼個
キウイ………………………1個
フランボワーズ……½パック
オレンジ……………………1個

1 ブラックチョコレートは刻み、湯せんで溶かす。

2 フルーツは食べやすい大きさにカットする。キウイはくし形切りにする。

3 オレンジは皮をむいて、薄皮をはずしながら小房に切り分ける。

4 ①のチョコレートをフォンデュ鍋などに移し、フルーツをチョコレートにつけて食べる。

One Point Advice → チョコレートを甘ずっぱい果汁とともに味わえるように、フルーツはある程度、厚みのある切り方で。チョコレートはブラックがよく合うよ。

簡単に作れて
華やかな演出ができる
フォンデュはパーティーにぴったり。
温かいチョコレートと
フルーツは絶妙のハーモニー。

87

4章 デザート＆パーティーレシピ

Recipe 32

クラコット＆チーズの
チョコレート仕立て

テクニック………… 溶かす
難易度……………………★

材料（4個分）
ブラックチョコレート…… 適量
クラコット……………… 2枚
ブルーチーズ…………… 40g
マスカルポーネチーズ…… 40g
生ハム…………………… 4枚

準備しておくこと
● ブラックチョコレートは刻み、湯せんで溶かしておく

1 クラコットは半分に切り、それぞれ短辺を2つにカットし、8枚する。

2 ①の表と裏に湯せんで溶かしたチョコレートをパレットなどで薄く塗り、冷蔵庫で10分ほど冷やし固める。

3 ブルーチーズとマスカルポーネチーズをざっくり混ぜ合わせる。

4 ②のチョコレートを塗った8枚の片面すべてに③を塗り、2段に重ねる。

5 生ハムを巻き、ようじなどでとめる。

One Point Advice → マスカルポーネチーズがなければクリームチーズでも代用できます。

ブルーチーズと生ハムに、
チョコレートの苦みを加えた
意外なおいしさ。
ワインによく合う
オードブル。

4章　デザート＆パーティーレシピ

{ Recipe 33 }

チョコレートいちごジャム

テクニック………………刻む
難易度……………………★

材料（180mlの瓶約3本分）
ホワイトチョコレート……160g
いちご……………………500g
グラニュー糖……………300g
レモン汁………………1個分

準備しておくこと
●ホワイトチョコレートは刻んでおく

1 ジャムの瓶とふたはきれいに洗って水けをきったあと、口を上に向けて、150度のオーブンで約15分消毒。

2 いちごのへたを取って¼〜½の大きさに切り、鍋に入れてグラニュー糖、レモン汁を加える。

3 ゴムべらで少し水分が出るまで混ぜる。グラニュー糖が浸透して水分が出たら中火にかける。途中であくが出たらこまめに取る。

4 沸騰後、中火のまま約15分煮つめる。かさが約½量に減ってとろみがつき、色が濃くなったら火を止める。

5 4に刻んだホワイトチョコレートを加えてよく混ぜる。

6 5を瓶にいっぱいになるまで詰め、ふたをする。ホワイトチョコレートをブラックチョコレートに替えたアレンジも同じ分量、同じ手順で。

One Point Advice
火にかける前によくかき混ぜて、果物の断面からおいしさを引き出しておくのがジャム作りのコツ。鍋はアルミ以外のものを。煮ている途中で鍋の縁についた果汁は焦げるので水をつけたはけでこまめにふき取ること。

手作りのいちごジャムに
ホワイトチョコを合わせた
新鮮なおいしさ。
別バージョンで
ブラックチョコでも作れます。
バゲットやパンケーキに
たっぷり塗って。

ブラック
チョコレート
いちごジャム

ホワイトチョコレート
いちごジャム

4章 デザート＆パーティーレシピ

{ Recipe 34 }

ホットチョコレートドリンク

テクニック……………刻む
難易度………………★

材料（各2杯分）
〈シナモン風味〉
ミルクチョコレート……100g
牛乳………………500ml
シナモンパウダー……約5g

〈オレンジ風味〉
ブラックチョコレート……100g
牛乳………………500ml
オレンジの皮………1個分
オレンジ果汁50ml（約½個分）
コアントロー…………適宜

準備しておくこと
●ミルクチョコレートとブラックチョコレートは刻んでおく

シナモン風味

1 鍋に牛乳を入れ、シナモンパウダーを加える。弱火にかけて混ぜながら沸騰させる。

2 ①の火を止め、刻んだミルクチョコレートを一度に加え、泡立て器でよく混ぜる。チョコレートが溶けたらグラスに注ぐ。

オレンジ風味

1 オレンジの皮をすりおろし、果汁を絞る。

2 鍋に牛乳を入れ、弱火にかける。沸騰したら火を止め、①のオレンジの皮、オレンジ果汁を加えて泡立て器で混ぜる。

3 ②に刻んだブラックチョコレートを一度に加え、泡立て器でよく混ぜる。好みでコアントローを加えて混ぜ、グラスに注ぐ。

One Point Advice →
ドリンクにするときの牛乳とチョコレートの比率は5：1が基本。チョコレートが溶けきらないときは1分ほど、再び弱火にかけてよく混ぜて。

チョコレートドリンクに
2通りのフレーバーを加えて
奥深い味わいに。
寒い夜もほっとくつろげるのが
うれしいね。

シナモン風味　　　　　オレンジ風味

Chocolate
Question & Answer

レシピ通りに作ったのにうまくいかないのは？ どうしてこうなっちゃうの？ もっとこうしたいのに。などの質問にお答えします。チョコレート菓子を上手に作るヒントも満載！

Question 1

チョコレートを溶かしていたら、表面に油のようなものが浮いてきて……。

↓

Answer

熱しすぎるとそのようなことが起こります。チョコレートを溶かす温度の上限はブラックが60度、ミルクが45度、ホワイトは40度です。さらに熱しすぎるとミルクやホワイトは粉乳と砂糖が凝固して、粘土のようになってしまいます。湯せんの説明でも書きましたが、チョコレートが溶けきる前にチョコを入れたボウルを鍋からおろし、余熱で溶かすようにしましょう。熱しすぎないように気をつけて。でき上がりの味が悪くなります。

Question 2

カスタードクリームを手作りしたい。

↓

Answer

この本では便利なカスタードパウダーを使いましたが、手作りすればより本格的な味になります。作り方（できあがり250ｇ分）はボウルに卵黄2個分とグラニュー糖40ｇを入れ、泡立て器でよくすり混ぜ、ふるった薄力粉20ｇを加え、さらに混ぜます。そこにバニラのさや¼本分の種を加えて沸騰させた牛乳100㎖を少しずつ加えてのばし、鍋に移し、とろみがつくまで弱火にかけてでき上がりです。

Question 3

ナッツ類のロースト方法は？

↓

Answer

ローストしたばかりのナッツ類は、格別のおいしさです。また、ローストしてあるものでも、使う前に軽くローストすることで、さらに歯触りも風味もよくなります。ホールの場合は重ならないように天パンに広げ、160度のオーブン（少量の場合はオーブントースターが便利）で10分ほどを目安に、スライスは水分をとばすようにフライパンでから炒りを。どちらも焦げやすいので火加減に注意しながら作業をしてください。

Question 4

メレンゲを
きれいに
作るには?

↓

Answer

卵白を泡立てて作るメレンゲはハンドミキサーを使えば、手早く簡単に作れます。でも、ポイントは最後の仕上げ。ハンドミキサーで全体が白くなるまで泡立てたら泡をつぶさないように注意しながら、泡立て器でていねいに仕上げることで、ピンと角が立ったよりきれいなメレンゲが作れます。

Question 5

焼き菓子が
きれいに
焼き上がらない。

↓

Answer

粉類はきちんとふるいましたか？　ふるうことで粉の粒子が細かくなり、空気を含むため、焼き上がりに大きな差が出ます。また、粉類は分けて入れると混ぜる回数が多くなり粘りが出て、ふんわりと焼き上がりません。粉類は一度に加え、ボウルの底から生地を持ち上げるようにゴムべらでさっくりと混ぜましょう。

Shop Guide

製菓材料
専門店
問い合わせ先

↓

株式会社
クオカプランニング

http://www.cuoca.com

●クオカショップ新宿
東京都新宿区新宿3-29-1
新宿三越B2
tel 03-5367-6615

●クオカショップ自由が丘
東京都目黒区緑が丘2-25-7
ラ・クール自由が丘1F
tel 03-5731-6200

●クオカショップ高松
香川県高松市木太町1区76
tel 087-815-3001

関東商事
株式会社

http://www.kantos.co.jp/

東京支店
東京都新宿区坂町24-3
tel 03-5363-5451

土屋公二

Tsuchiya Koji

1960年、静岡県生まれ。'79年にパティシエとしてのスタートを切り、'82年に修業のために渡仏、パティスリーやレストランで腕を磨くうちにチョコレートの魅力に目覚め、ショコラティエを志す。'87年に帰国後、菓子店やパリの有名チョコレート専門店東京店のシェフを務め、'99年3月、自身の味の追求のため東京都渋谷区富ケ谷に「ミュゼ ドゥ ショコラ テオブロマ」本店をオープン。以来、日本を代表するショコラティエとして腕をふるう。現在は「テオブロマ広尾店」、「テオブロマ ビス」(東京都豊島区西池袋)のほか、東武池袋店プラザ館、新宿三越にも出店。なお、テオブロマとはチョコレートの原料であるカカオの樹の学名。

Shop

ミュゼ ドゥ ショコラ テオブロマ

東京都渋谷区富ケ谷1-14-9
グリーンコアL渋谷1F
tel 03-5790-2181

{ Chocolate Book by Tsuchiya Koji }

講談社のお料理BOOK

板チョコで作る土屋公二の本格チョコレートブック

2006年12月14日　第1刷発行

著者　　土屋公二
発行者　野間佐和子
発行所　株式会社　講談社
〒112-8001　東京都文京区音羽2-12-21
　編集部 ☎03-5395-3527
　販売部 ☎03-5395-3625
　業務部 ☎03-5395-3615
印刷所　凸版印刷株式会社
製本所　株式会社上島製本所

アートディレクション／岡本一宣
デザイン／小埜田尚子、野本奈保子、
　　　　　木村美穂、溝口実穂、堀由佳里
スタイリング／CHIZU
撮影／輿英治
編集／Norte Inc.(佐野康子、滝田真理)
協力／株式会社クオカプランニング(製菓材料・調理器具)
　　　明治製菓株式会社(チョコレート)

定価はカバーに表示してあります。
©Koji Tsuchiya 2006, Printed in Japan
落丁本・乱丁本は購入書店名を明記のうえ、小社業務部宛にお送りください。送料小社負担にてお取り替えいたします。
なお、この本についてのお問い合わせは、生活文化第一出版部宛にお願いいたします。
本書の無断複写(コピー)は著作権法上での例外を除き、禁じられています。
ISBN4-06-278367-3

Chocolate Book by Tsuchiya Koji